普通高等教育"十三五"规划教材

材料力学
实验指导书

王天宏　吴善幸　丁勇　编著

中国水利水电出版社
www.waterpub.com.cn

内 容 提 要

本书依据普通高等院校材料力学课程教学的基本要求编写。全书共分为四章，第一章绪论，讲述了材料力学实验的意义、内容和程序；第二章实验设备及测量仪器，介绍了材料力学实验中主要实验设备和测量仪器的结构特征、原理、使用操作及注意事项；第三章实验项目，包含了拉伸实验、压缩实验、扭转时剪切模量 G 的测定、梁的弯曲正应力实验、弹性模量 E 和泊松比 μ 的测定、弯扭组合变形实验和疲劳演示实验；第四章为实验一至实验六的实验报告。

本书可作为高等院校土木、机械、水利、交通运输等本科、专科专业的材料力学实验课教材，也可供相关工程技术人员参考。

图书在版编目（CIP）数据

材料力学实验指导书 / 王天宏，吴善幸，丁勇编著
  -- 北京：中国水利水电出版社，2016.5(2023.2重印)
  普通高等教育"十三五"规划教材
  ISBN 978-7-5170-4398-0

Ⅰ．①材… Ⅱ．①王… ②吴… ③丁… Ⅲ．①材料力学－实验－高等学校－教学参考资料 Ⅳ．①TB301-33

中国版本图书馆CIP数据核字(2016)第125305号

书　名	普通高等教育"十三五"规划教材 **材料力学实验指导书**
作　者	王天宏　吴善幸　丁勇　编著
出版发行	中国水利水电出版社 （北京市海淀区玉渊潭南路1号D座　100038） 网址：www.waterpub.com.cn E - mail：sales@mwr.gov.cn 电话：(010) 68545888（营销中心）
经　售	北京科水图书销售有限公司 电话：(010) 68545874、63202643 全国各地新华书店和相关出版物销售网点
排　版	中国水利水电出版社微机排版中心
印　刷	天津嘉恒印务有限公司
规　格	184mm×260mm　16开本　3.75印张　88千字
版　次	2016年5月第1版　2023年2月第3次印刷
印　数	3001—5500 册
定　价	**20.00元**

凡购买我社图书，如有缺页、倒页、脱页的，本社营销中心负责调换
版权所有·侵权必究

前 言

材料力学实验是材料力学课程教学中非常重要的一部分,通过实验教学,可以使学生加深对理论知识的理解、学会如何编制实验方案和分析处理数据、掌握常用仪器设备的使用操作及培养实际动手能力。

本书根据全国高等学校土木工程专业委员会的材料力学课程教学基本要求制定相关实验内容。全书共分四章,第一章绪论,讲述了实验的意义、内容和程序以及实验数据处理方法;第二章实验设备及测量仪器,介绍了材料力学实验中主要实验设备和测量仪器的结构特征、原理、使用操作及注意事项;第三章实验项目,包含了拉伸实验、压缩实验、扭转时剪切模量 G 的测定、梁的弯曲正应力实验、弹性模量 E 和泊松比 μ 的测定、弯扭组合变形实验和疲劳演示实验;第四章为实验一至实验六的实验报告。

本书由宁波大学王天宏、吴善幸、丁勇编写。在编写时,参考了材料力学教材和多个兄弟院校的实验教材,在此表示衷心的感谢。

由于编者水平有限,书中难免存在错误和不足,望广大读者批评指正。

编　者

2016 年 3 月

目　录

前言

第一章　绪论 ... 1
第一节　材料力学实验的意义和基本内容 ... 1
第二节　材料力学实验程序 ... 1
第三节　误差分析及数据处理简介 ... 2

第二章　实验设备及测量仪器 ... 4
第一节　微机控制电液伺服万能试验机 ... 4
第二节　微机控制电子万能试验机 ... 8
第三节　电阻应变片和静态应变测试仪 ... 10
第四节　多功能组合实验台 ... 15

第三章　实验项目 ... 17
实验一　拉伸实验 ... 17
实验二　压缩实验 ... 21
实验三　扭转时剪切模量 G 的测定 ... 24
实验四　梁的弯曲正应力实验 ... 26
实验五　弹性模量 E 和泊松比 μ 的测定 ... 28
实验六　弯扭组合变形实验 ... 30
实验七　疲劳演示实验 ... 33

第四章　实验报告 ... 35
实验一　拉伸实验报告 ... 35
实验二　压缩实验报告 ... 39
实验三　扭转时剪切模量 G 的测定实验报告 ... 41
实验四　梁的弯曲正应力实验报告 ... 43
实验五　弹性模量 E 和泊松比 μ 的测定实验报告 ... 47
实验六　弯扭组合变形实验报告 ... 49

参考文献 ... 53

第一章 绪 论

第一节 材料力学实验的意义和基本内容

材料力学实验是材料力学课程教学中非常重要的一部分。材料力学的结论、定律需要通过实验来验证，材料的力学性能需要通过实验来获得。学生通过实验能够巩固、加深和应用基本理论知识，掌握测定材料力学性能及测定应力和变形的基本方法，学会使用相关的仪器设备，又能培养学生编制实验方案和分析处理实验结果的能力。通过实验还能培养学生的动手能力，以及严肃认真的工作态度。

材料力学实验一般可以分为以下三类。

一、测定材料的力学性能

我们在构件设计时，就需要了解所用材料的力学性能。如经常用到的材料的屈服极限、强度极限和延伸率等。而这些力学性能数据需要通过对材料进行拉伸、压缩、扭转和疲劳等试验测定。学生通过这类实验，可以掌握材料的力学性能的基本测定方法，从而进一步巩固材料力学性能的基础知识。

二、验证材料力学理论

把实际问题抽象为理想的计算模型，再根据科学的假设，推导出一般性公式，这是研究材料力学通常采用的方法。然而，这些简化和假设是否正确，理论计算公式能否在设计中应用，必须通过实验来验证。学生通过这类实验，可以巩固和加深理解基本概念，学会验证理论的实验方法。

三、实验应力分析

工程上，我们经常会遇到一些构件的形状和受力十分复杂的情况，关于它们的强度问题单靠理论计算很难得到满意的结果。因此在实际工程中，必须通过实验的方法来测定构件的应力。本书重点介绍目前工程广泛应用的电测法。

第二节 材料力学实验程序

本书列入的实验，其实验条件以常温、静载为主。主要测量作用在试件上的荷载和试件的变形。实验所用的仪器设备必须精密，必须定期对仪器设备进行标定。由于实验时，要求力和变形同时测量，因此每组需要 3~4 名学生共同完成。通常情况下，整个实验过程可分为以下三个方面。

一、实验前的准备工作

明确实验目的、原理和步骤，数据处理方法。实验用的试件是实验的对象，需细心地测量试件的尺寸，仔细观察试件并确定是否符合实验要求。同时要对试件加载量进行估算并制定加载方案，同时做好原始数据的记录。

实验小组成员要求分工明确，对各个实验中所使用的仪器设备需在实验前充分预习加以熟悉，仪器设备的操作使用详见本书第二章内容。

二、实验操作

开始实验前，要检查试验机，初读数是否为零、试件安装是否正确、导线连接是否正确、桥路方式是否选择正确等，最后请指导教师检查，确认无误后方可开始实验。实验结束后，请指导教师检查数据是否齐全无误，最后清理设备，把仪器设备放回原处。

三、实验报告

实验报告是实验人员最后提交的成果，实验报告应包括下列内容：

（1）实验名称、实验日期、实验人员姓名、同组成员名单。

（2）实验目的及原理。

（3）实验的仪器设备应注明名称、型号、精度（或放大倍数）等。

（4）实验数据及处理数据要正确填入记录表格内。

（5）图线表示结果注意事项，除根据测得的数据整理并计算出实验结果外，一般还要采用图表或曲线来表达实验结果。一般先建立坐标系，并注明坐标轴所代表的物理量及比例尺。将实验的坐标点用记号"．""×"等表示出来。当绘制曲线时，不要用直线逐点连成折线，应运用有关数据理论方法，描绘出光滑的曲线。

（6）实验的总结及体会。对实验的结果进行分析，说明实验结果是否正确；对实验误差加以分析，并回答实验指导书中的思考题。

第三节　误差分析及数据处理简介

一、误差的概念及分类

测量误差是测量结果与被测量真值之间的差异。真值又称为理论值，它虽然在一定条件下是客观存在的，但要确切给出真值大小却十分困难。比如在实验中，我们依靠各种仪表、量具测量某个物理量时，由于主客观原因，不可能测得该物理量的真值，即在测量中存在着误差。若对实验数据取舍和误差分析得当，则一方面可以避免不必要的误差，另一方面可以正确地处理测量数据，使其最大限度地接近真值。

测量误差按性质可以分为系统误差、随机误差和过失误差。实验时，必须明确自己所使用的仪器设备、量具本身的精度，测量方法，环境条件和测量人员熟练程度认真细致地测量，使误差控制在最小程度。

二、系统误差的消除方法

认真分析材料力学实验中的具体情况，可以尽可能地减小甚至消除系统误差。常用的方法有对称法、校正法和增量法等。

（1）对称法：材力实验中所采用的对称法包括两类：对称读数——例如拉伸实验中，试件两侧对称地装上引伸仪测量变形，取其平均值就可消去加载偏心造成的影响；再如弹性模量实验中，为了达到同样目的，可在试件对称部位分别贴变片。加载对称——在加载和卸载时分别读数，这样可以发现可能出现的残余应力应变并减小过失误差。

（2）校正法：经常对实验仪表进行校正，以减小因仪表不准所造成的系统误差。如根据计量部门规定，材料试验机的测力度盘（相对误差不能大于 1%）必须每年用标准测力计（相对误差小于 0.5%）校准；又如机电百分表、应变仪等仪器仪表都需定期进行校准。

（3）增量法（逐级加载法）：当需测量某根杆件的变形或应变时，在比例极限内，载荷由 $F_1(N)$ 增加到 $F_2, F_3, \cdots, F_i, \cdots$。在测量仪表上，便可以读出各级载荷所对应的读数 $\varepsilon_1, \varepsilon_2, \varepsilon_3, \cdots, \varepsilon_i, \cdots$。$\Delta\varepsilon = \varepsilon_i - \varepsilon_{i-1}$ 称为读数差。各个读数的平均值就是当载荷增加 ΔF（一般荷载都是等量增减）时的平均变形或应变。

增量法可以避免某些系统误差的影响。如扭转时剪切模量 G 的测定实验中轴承支座与底座之间存在微小的间隙误差 b（常量），如果每次施加 ΔF 后，百分表的读数分别为 $B_1 + b, B_2 + b, \cdots$。再取其增量 $\Delta B = (B_2 + b) - (B_1 + b) = B_2 - B_1$，间隙误差 b 便消去了。又如某实验者读引伸仪时，习惯于把数字读得偏高。如果采用增量法，而试验过程中自始至终又都是同一个人读数，个人的偏向所带来的系统误差也可以消掉。

材料力学实验中，一般采用增量法。

三、实验数据整理的原则

1. 读数规定

（1）从仪表或量具上读出的标度值是试验的原始数据，一定要认真对待，如实地记录下来，不得进行任何加工整理。

（2）表盘读数一般读到最小分格的 1/10，其中最后一位有效数字是可疑数字。

2. 数据取舍的规定

明显不合理的实验结果通常称为异常数据。例如：外载增加了，变形反而减小；理论上应为拉应力的区域测出为压应力等。这种异常数据往往由过失误差造成，发生这种情况时必须首先找出数据异常的原因，再重新进行测试。对于明显不合理数据产生的原因也应在实验报告中进行分析讨论。

3. 实验结果运算的规定

（1）实验结果运算必须遵循有效数字的计算法则：

1）加减法运算时，各位所保留的小数点后的位数应与各数中小数点后位数最少的相同。例如：$8.436 + 0.0072 + 13.49$ 应写为 $8.44 + 0.01 + 13.49 = 21.94$，而不应算成 21.9332。

2）乘除法时，各因子保留的位数以有效数字最少的为准，所得积或商的准确度不应高于准确度最低的因子。

3）大于或等于四个数据计算平均值时，有效数增加一位。

（2）实验结果必须用国际单位制表示。

（3）对于理论值的验证实验，应计算实验值和理论值之间的相对误差。

$$相对误差 = \frac{实验值 - 理论值}{理论值}$$

对理论值为零的误差，计算时采用绝对误差。

第二章 实验设备及测量仪器

第一节 微机控制电液伺服万能试验机

一、结构特征与工作原理

图2-1是济南试金集团生产的WAW系列试验机的外形图,该试验机由主机、电控柜、主油源、夹紧油源、计算机、打印机等几部分组成,能做拉伸、压缩、剪切和弯曲等多种试验。

图2-1 微机控制电液伺服万能试验机

1. 主机部分（图2-2）

油缸用螺钉固定在底座上,活塞与工作台固定,工作台支撑起立柱,立柱柱身上端有四个环槽,上横梁可在三个不同位置固定。当活塞升降时,由工作台,立柱,上横梁构成的活动封闭框架相应上下移动。丝杠穿过工作台,下端与底端固定,上端与下横梁以梯形螺纹副相连,升降电机通过皮带轮、蜗杆蜗轮带动丝母旋转,可使下横梁沿丝杠上升或下降,以便于试验空间的快速调整。由底座、丝杠、下横梁构成了固定的封闭框架。

在右侧立柱上装有按钮盒,可以更方便地操作下横梁升、降及上下钳口的夹紧、松开。上钳口座与下钳口座之间为拉伸区域,钳口座内装有楔形解块,通过更换楔形块内钳口的规格,可以夹持不同截面的试样。下横梁与工作台之间为压缩区域,通过更换不同的压板,压头、弯曲用工作台或支座,可以对试样进行压缩、弯曲及剪切试验。

来自主油源的控制油液进入油缸，使活塞上升时，通过工作台和立柱带动上横梁、上钳口座上升，在拉伸区域可以实现对试样的拉伸，或在压缩区域实现对试样的压缩。

底座及工作台之间装有活塞位移检测装置，固定架用螺钉联结在底座上，其上安装有光电编码器、油缸工作位置开关和油缸上限位。

2. 油源及液压原理

主油源由油箱、油泵电机组、高压滤油器、单向阀、电液伺服阀、阀块、空气滤清器等组成。

夹紧油源由油箱、电机、齿轮泵、单向阀、压力表、叠加式溢流阀、电磁换向阀等组成。

3. 电气部分

强电板及测量放大板均安装在电控柜内，通过接插件与计算机、主机、油源连接，以完成电力及信号的传输。

4. 安全装置

当活塞上升至上极限位置时，自动停止主油源油泵电机。当载荷超过最大试验力的 2%～5% 时，自动停止试验。

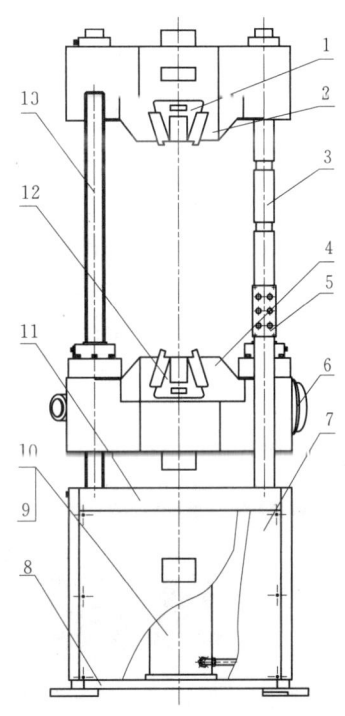

图 2-2 主机结构简图
1—上钳口座；2—上横梁；3—立柱；4—下横梁；5—按钮盒；6—升降电机；7—底座罩板；8—底座；9—活塞；10—油缸；11—工作台；12—下钳口座；13—丝杠

二、使用与操作

1. 试验准备

将电控柜面板上的电源旋钮旋到"ON"位置。按"伺服油泵开"按钮，启动油泵电机组，拉伸试验时还需按"夹紧油泵开"按钮，启动夹紧油泵电机，压缩试验时则不需启动夹紧油泵电机。打开计算机，进入试验操作软件界面，在"调整"状态下（图 2-3），单击红色向上箭头按钮，输出单击"50%"，使活塞升起约 2cm，屏幕上方的"试验力"没有变化后方可进行试验。

2. 试件的装夹

拉伸试验：将试件一端夹于上钳口，按动右侧柱上电控盒面板上"横梁上升"或"横梁下降"按钮调整下钳口至适当位置，夹持试件另一端，夹持试件时，应按钳口所刻的尺寸范围内夹持试样并保证试样夹持部分在钳口体内 2/3 以上。

压缩试验：将上压板装在下横梁底部，用螺钉固定插头，下压板球面座由插头定位，放在工作台，可略作倾斜，适合受压的平面试件，中心线必须与压板中心线重合，避免偏心受力。

3. 试验步骤

（1）单击软件界面中的"C"键，对试验力、峰值、变形和位移进行清零。

（2）单击"试验"状态界面（图 2-4），根据试验要求选择控制模式（学生实验选择：程控—打开—选择低碳钢拉伸、铸铁拉伸、铸铁压缩）。

（3）根据不同的控制模式，输入相应数值。

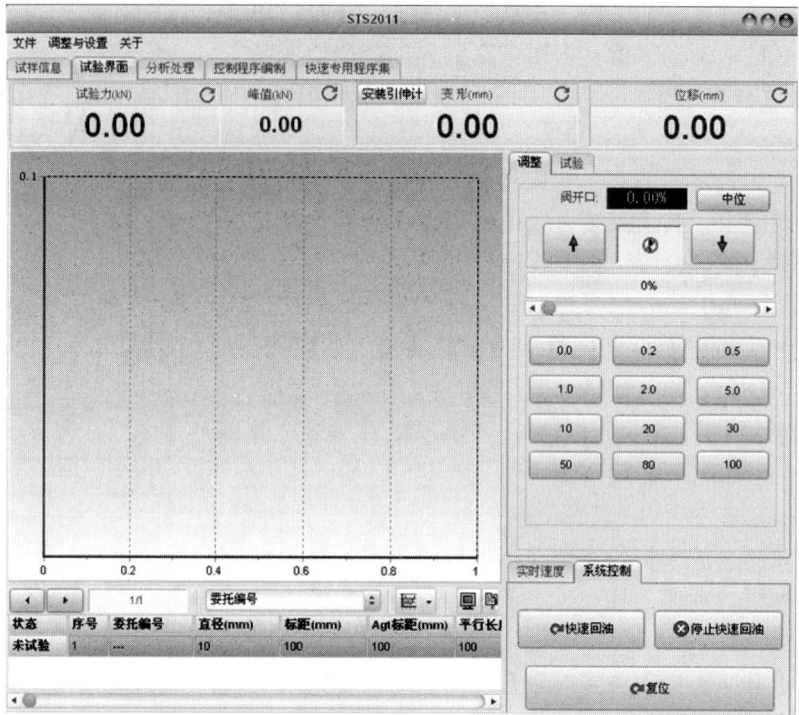

图2-3 试验操作软件"调整"界面

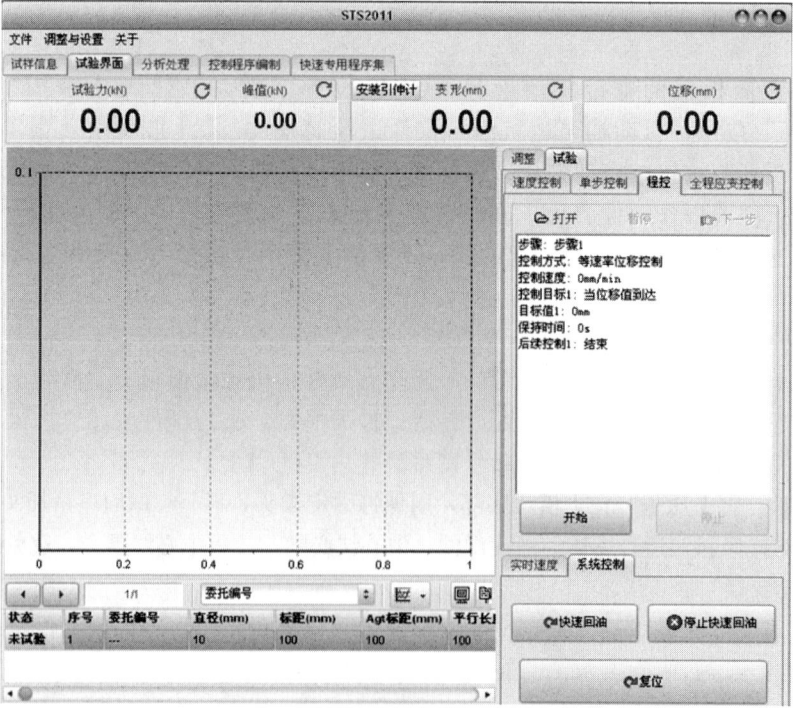

图2-4 试验操作软件试验界面

(4) 单击"开始"按钮，自动进行试验。

(5) 试样破坏后，立刻单击"停止"按钮。

(6) 试验结束后，按"分析处理"按钮可对试验结果进行分析、计算和存储。

(7) 若再进行下一次试验，必先使油缸复位。

三、操作注意事项

(1) 不允许用横梁上的升降电机加载。

(2) 如果在试验过程中出现异常现象，此时应先打开伺服阀回油卸载，将所加试验力卸掉后，再打开快速回油阀加油。不允许在高压下启动油泵或检查事故原因。

(3) 若伺服油泵电机突然停止工作，可能是活塞到达上限位。将试验状态切换至"手动控制"，旋转"手动调节"旋钮，使活塞回落至限位以下，即可重新启动伺服油泵进行试验。

(4) 不允许在试样受力的情况下单击"横梁上升"或"横梁下降"。

第二节　微机控制电子万能试验机

一、结构特征与工作原理

图 2-5 所示为深圳市新三思材料检测有限公司生产的微机控制电子万能试验机（CMT-5205），该试验机主要由主机、电控系统、夹具、软件控制系统等几部分组成，能做拉伸、压缩、剪切和弯曲等多种试验。

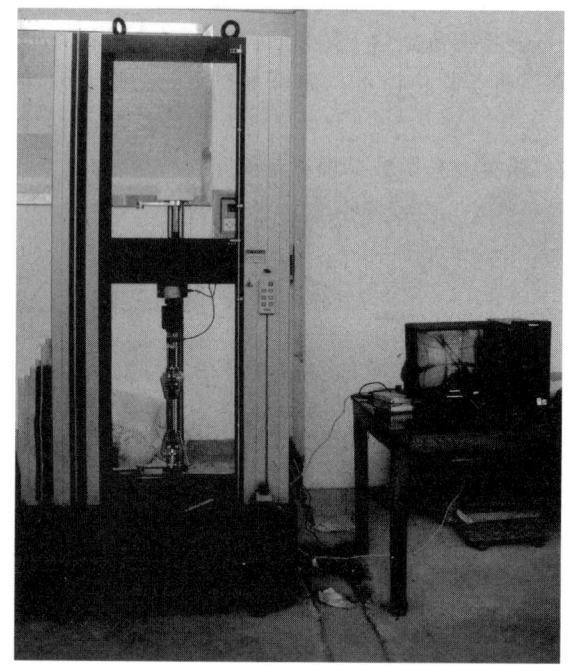

图 2-5　微机控制电子万能试验机

1. 主机部分

主机部分主要有交流伺服电机及传动系统、力传感器、位移传感器、限位装置、控制面板、急停开关和机架等组成。

2. 电控系统

电控系统主要包括荷载测量系统、变形测量系统、位移测量系统、驱动控制系统和通讯系统等组成。

3. 夹具

夹具用于夹持试样，根据试样的实际情况选择或定制不同的夹具。

4. 软件控制系统

软件控制系统主要通过微型电子计算机进行试验方案的编制与选择，以及试验后期的数据分析处理。

二、使用与操作

（1）双击电脑桌面"PowerTest_Dooc"图标，进入试验软件（图 2-6），选择对应的传感器及引伸计后单击"联机"。

（2）根据试样情况准备好夹具，若夹具已安装到试验机上，则对夹具进行检查，并根据试样的长度及夹具的间距设置好限位装置。

（3）单击"试验部分"里的新试验，选择相应的试验方案（低碳钢拉伸、铸铁拉伸、铸铁压缩），输入试样的原始用户参数如尺寸等，多根试样直接按回车键生成新记录。

（4）夹好试样（有需使用引伸计或大变形时也应相应正确安装），在夹好试样一端后，力值清零（单击力窗口的"清零"按钮）再夹另一端。

（5）单击"▶"，开始自动试验。试验自动结束后，软件显示试验结果。

（6）试验完成后，单击"生成报告"，打印试验报告。

（7）关闭试验窗口及软件。

（8）关机：试验软件──→试验机──→计算机。

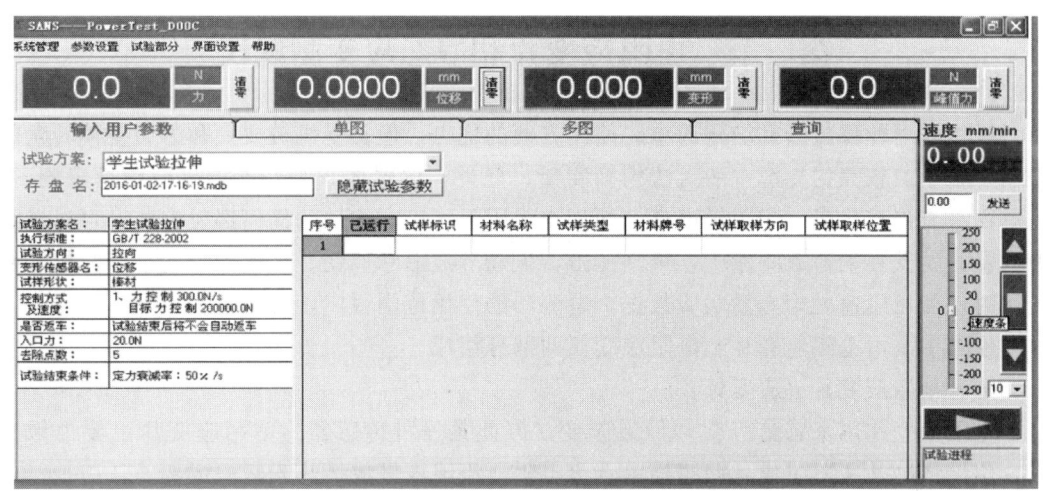

图 2-6　微机控制电子万能试验机软件界面

三、操作注意事项

每次开机后，最好要预热 10min，待系统稳定后，再进行试验。若刚刚关机，需要再开机，至少保证 1min 的时间间隔。

第三节　电阻应变片和静态应变测试仪

机械式引伸仪虽然有结构简单、使用方便的优点，但其受机械放大和刀刃菱体转角的限制，较小或较大的变形一般无法精确测量。此外，仪器体积大，不能进行动荷载测试。而电测法有许多优点，如灵敏度高；面积小，因而可以在构件的任何部位安装；可以远距离测量；尤其在动荷载测量中，可测冲击、振动等波形和应变。当仪器与电子计算机联机使用时，可以迅速处理大量实验数据。电测法的使用范围很广，方法也多。

仪器主要由电阻应变片和电阻应变仪两部分组成。

一、电阻应变片（应变计）

电阻应变片用来感受应变和传递应变，因此是一种传感器。常用应变片主要由敏感栅、引出线、基底所组成。敏感栅由合金电阻丝绕成或做成箔片光刻而成。

将应变片粘贴在构件测试部位，构件受力变形，敏感栅亦随之变形。敏感栅的变形又引起自身电阻的改变。若应变片的初始电阻为 R，变形后应变片的电阻变化为 ΔR，ε 为应变片轴向（即与栅线直线部分平行方向）应变值，大量实验证明，电阻的相对变化量与应变成比例。即

$$\frac{\Delta R}{R} = K\varepsilon$$

式中：K 为应变片的灵敏系数，与敏感栅的尺寸、形状及电阻变化率等有关，一般由生产厂家标定好，其值在 2.0 左右。

二、电阻应变仪

电阻应变仪是测量微小应变的精密仪器。其工作原理是利用粘贴在构件上的电阻应变片随同构件一起变形而引起其电阻的改变，通过测量电阻的改变量得到粘贴部位的应变。一般构件的应变是很微小的，要直接测量相应的电阻改变量是很困难的。为此采取电桥把应变片感受到的微小电阻变化转换电压信号，然后将此信号输入放大器进行放大，再把放大后的信号用应变表示出来。

电阻应变仪的主要作用是配合电阻应变片组成电桥，并对电桥的输出信号行放大、标定，以便直接读出应变数值。

电阻应变仪的种类、型号很多，按测量应变的频率可分为：静态电阻应变仪、静动态电阻应变仪、动态电阻应变仪、超动态电阻应变仪等。

下面介绍静态应变测试仪（DH3818-3）（图 2-7）。

1. 概述

该仪器每台有 10+1 个测点。手动测量时，一组 LED 数码管显示通道号和应变值，同时另一组 LED 数码管可显示独立一个测点的测量值。每个测点分别自动平衡，还可根据应变计的灵敏系数、导线电阻、桥路方式以及各种桥式传感器灵敏度，对测量结果进行修正。同时，可用一台计算机通过 RS-232 口直接观察最多 16 台仪器的测试状态，以便老师了解每个实验组的实验情况。计算机控制测量时，所有操作均由计算机完成，巡检速度为 10 点/s。

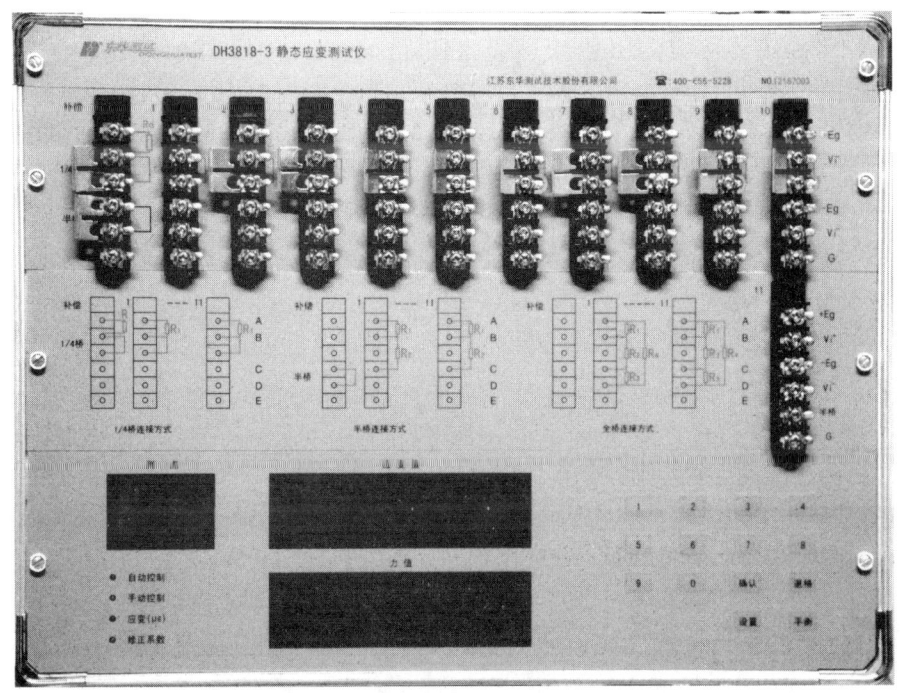

图 2-7　静态应变测试仪（DH3818-3）

2. 应用范围

根据测量方案完成全桥、半桥、1/4 桥（公用补偿片）状态的静态应力应变的多点巡回检测；和各种桥式传感器配合，实现压力、力、荷重、位移等物理量的多点巡回检测；与热电偶配合，通过热电偶分度号的计算，对温度进行多点巡加检测；对输出电压小于 20 mV 的电压信号进行巡回检测，分辨率可达 1 μV。

3. 测量原理

以 1/4 桥、120Ω 桥臂电阻为例对测量原理加以说明，如图 2-8 所示。

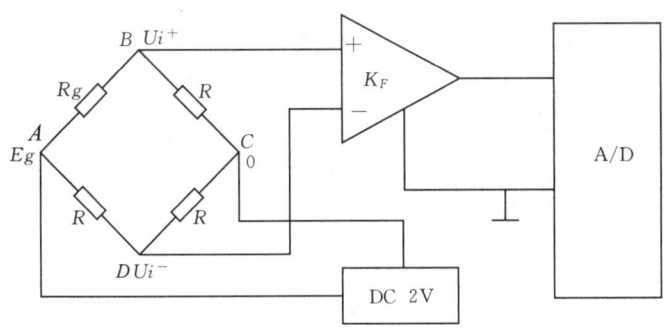

图 2-8　测量原理

图中：R_g 为测量片电阻，R 为固定电阻，K_F 为低漂移差动放大器增益。

因
$$Vi = 0.25 E_g K \varepsilon$$

即
$$V_0 = K_F Vi = 0.25 K_F Eg K\varepsilon$$

所以
$$\varepsilon = \frac{4V_0}{EgKK_F}$$

式中：Vi 为直流电桥的输出电压；Eg 为桥压；K 为应变计灵敏度系数；ε 为输入应变量；V_0 为低漂移仪表放大器的输出电压，μV；K_F 为放大器的增益。

当 $Eg = 2V$，$K = 2$ 时，$\varepsilon = V_0/K_F (\mu\varepsilon)$

对于 1/2 桥电路：
$$\varepsilon = \frac{2V_0}{EgKK_F}$$

对于全桥电路：
$$\varepsilon = \frac{V_0}{EgKK_F}$$

这样，测量结果由软件加以修正即可。

4. 数据采集箱的使用方法

(1) 数据采集箱的面板功能，面板图如图 2-9 所示。

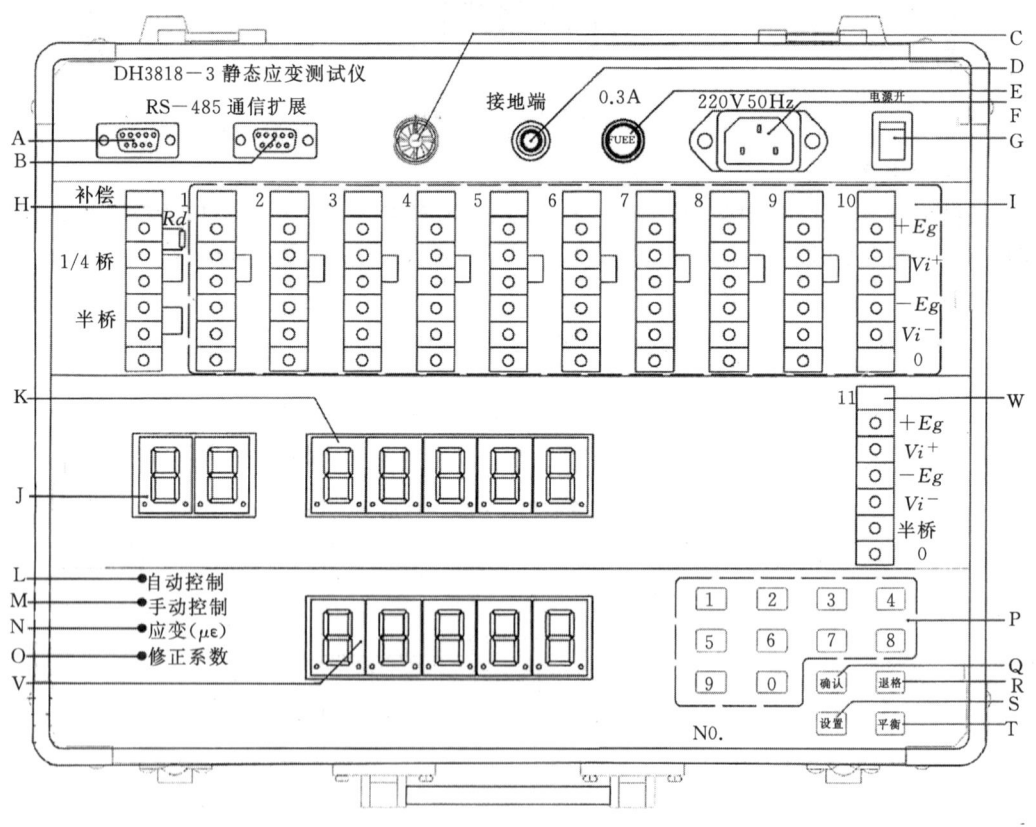

图 2-9 面板图

A、B. RS-485 通信接口。

C. 风扇。

D. 接地端子。

E. 保险丝座。

F. 220V 电源输入插座。

G. 仪器电源开关。

H. 补偿片接线端子。

I. 应变片接线端子。

J. 通道号显示数码管。

K. 应变量及设置修正系数的显示数码管。

L. 自动控制指示。

M. 手动控制指示。

N. 应变量指示。

O. 修正系数指示，当此灯亮表示 B 显示的是 A 所指示的通道的修正系数。此时修正系数数值的改变可通过数字键来设置。

P. 数字键，按此键，则显示所按数值，此键在修改通道号和修正系数时有效。

Q. 确认键，按此键，则确认通道号或修正系数，确认通道号时，当通道号数值大于 20 或等于 0 时，则数码管闪烁，通道号不能被确定，此时可按退格键更改数值；确认修正系数时，按此键则将修正系数显示切换为应变量显示。

R. 退格键，按此键则闪烁的数码管显示值退后一位，此键在修改通道号和修正系数时有效。

S. 设置键，按此键将应变量显示切换为修正系数显示，此时可按数字键来更改修正系数。

T. 平衡键，按此键则平衡 A 所显示的通道，此键在通道号和修正系数已确定时有效。

U. 力传感器补偿端子。

V. 力显示数码管，数码管只显示 11 测点的数据。

W. 力传感器接线端子，测点号为 11。

(2) 桥路的连接（1/4 桥路连接方式）如图 2-10 所示。

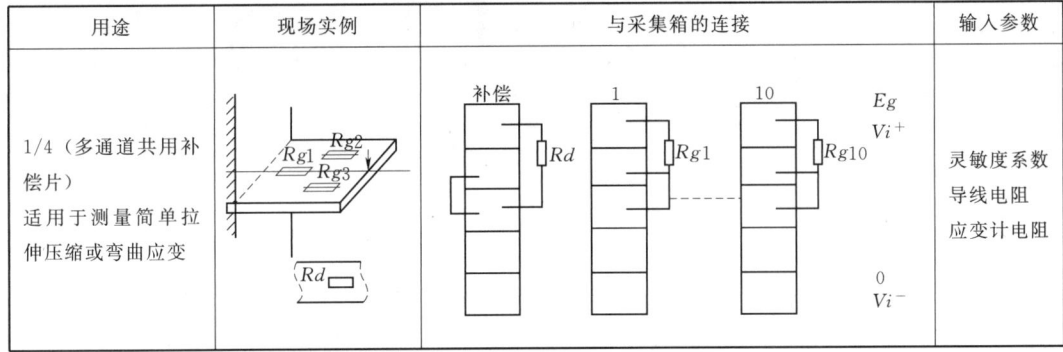

图 2-10 1/4 桥格连接方式

5. 测量步骤

以静态应变测试仪（DH3818－3）为例，介绍其使用方法。

(1) 接通电源，按下电源开关。

(2) 将各工作片和温度补偿片分别和静态应变测试仪相连。

(3) 按"通道号数字"键，再按"确认"键。

(4) 按"设置"键，设置修正系数再按"确认"键。

(5) 按"平衡"键，再按"确认"键，使测点应变值窗口显示为"0000"。

(6) 重复上述步骤使得每个测点都平衡到零。

(7) 开始加载测量，每级荷载加载完毕后，记录每个测点的数据（注意正负号：正号为拉应变，负号为压应变）。

第四节 多功能组合实验台

多功能组合实验台是将多个单项材料力学实验集中在一个实验台上进行，是一套小型组合实验装置。用时稍加准备，并转动旋转臂，切换到各个实验的相应位置后，然后拧紧固定。即可进行梁的弯曲正应力实验，弯扭组合变形实验，偏心拉伸实验，材料弹性模量 E 和泊松比 μ、切变模量 G 的测定，悬臂梁、复合梁、工程桁架内力测试等多种实验。

该装置主要由基座平台、圆管固定支座、简支支座、固定立柱、旋转臂、加载手轮、荷载传感器、拉压接头、静态应变测试仪以及各种试件组合而成。其构造如图 2-11 所示。

图 2-11 多功能组合实验台

1—固定立柱；2—加载手轮；3—旋转臂；4—空心圆管；5—悬臂梁；6—等强度梁；
7—圆管固定支座；8—拉压力传感器；9—百分表；10—轴承支座；11—扭转力臂；
12—拉伸试件；13—简支支座；14—矩形梁；15—分配梁；16—压头；17—静态
应变测试仪；18—"力值"窗口；19—"应变"窗口；20—"测点"窗口

一、使用方法

（1）打开静态应变测试仪（DH3818-3）电源并对"力值"窗口进行平衡，显示"力值"为"0000"，根据实验需要，安装试件或更换拉压接头，转动旋转臂到各个实验的相应位置。

（2）检查试件、支座、拉压接头的相应位置是否对中和对准，是否符合要求，若达到要求，拧紧固定。

（3）缓慢转动加载手轮，便可对试件施加拉力或压力（顺时针旋转施加压力，逆时针旋转施加拉力）。力的大小由静态应变测试仪"力值"窗口显示，单位为"N"，数字前显示"－"号表示压力,无"－"号表示为拉力。荷载大小根据各个实验的具体要求来确定。

二、注意事项

切勿超载,所加荷载不得超过各个实验的规定要求,最大不超过 5000N,否则将损坏荷载传感器。

第三章 实 验 项 目

实验一 拉 伸 实 验

一、实验目的

(1) 测定低碳钢的屈服强度 σ_s、抗拉强度 σ_b、断后伸长率 δ 和断面收缩率 ψ。

(2) 测定铸铁的抗拉强度 σ_b。

(3) 观察拉伸过程中的各种现象(屈服、强化、颈缩、断裂特征等),并绘制拉伸曲线图 ($F - \Delta L$)。

(4) 比较塑性材料(低碳钢)和脆性材料(铸铁)力学性能和断面特征。

二、实验设备和测量仪器

(1) 微机控制电液伺服万能试验机(WAW-600C/WAW-1000C)。

(2) 微机控制电子万能试验机(CMT-5205)。

(3) 电子数显卡尺。

三、实验试件

实验表明,试件的尺寸和形状对材料的实验结果有一定的影响。为了使不同材料之间的实验结果具有可比性,国家对此制定了统一标准《金属材料 拉伸实验 第1部分:室温实验方法》(GB/T 228.1—2010),即所谓的"标准试件",依据标准中的规定,试件一般制作成圆形或矩形截面,本实验为圆形截面试件,形状如图 3-1 所示。

图 3-1 中 d_0 为试件的直径;R_0 为试件的夹持端头部到平行部分过渡圆弧半径;L 为试件的平行长度;L_0 试件的原始标距,原始标距 $L_0 = 10d_0$ (长试件)或 $L_0 = 5d_0$ (短试件),矩形

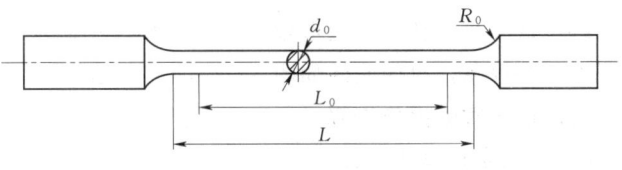

图 3-1 圆形截面试件

截面试件标距 L_0 与横截面面积 A 的比例为 $L_0 = 11.3\sqrt{A}$ 或 $L_0 = 5.65\sqrt{A}$。两端较粗部分为试件的夹持部分,试件夹持端的形状以试验机夹具要求而定。

四、实验原理

(一) 低碳钢拉伸实验

拉伸实验通常在常温、静载下测定材料的力学性能指标。低碳钢是工程上最广泛使用的一种材料,同时低碳钢试样在拉伸过程中所表现出的变形与力之间的关系也比较典型。通过微机控制电液伺服万能试验机可以自动绘出试样在实验过程中工作段的伸长与力之间的关系曲线。图 3-2(a) 为低碳钢试件的拉伸图。由于试件在开始受力时,上下两端夹

头内会有一定的滑动,所以拉伸图最初一段是曲线。由图 3-2(a) 可见,低碳钢在拉伸实验过程中大致可分为以下四个阶段。

Ⅰ弹性阶段。此阶段试样的变形完全是弹性的,全部卸除荷载后,试件将恢复其原长,A 点对应的荷载为比例极限荷载 F_p。

Ⅱ屈服阶段。此阶段试件的伸长量急剧增加,而试验机上的荷载读数在很小范围内波动,此阶段将首次下降前所对应的 B 点为上屈服荷载,最低点所对应的 C 点为下屈服荷载,因下屈服 C 点比较稳定,通常将下屈服荷载作为屈服荷载 F_s。

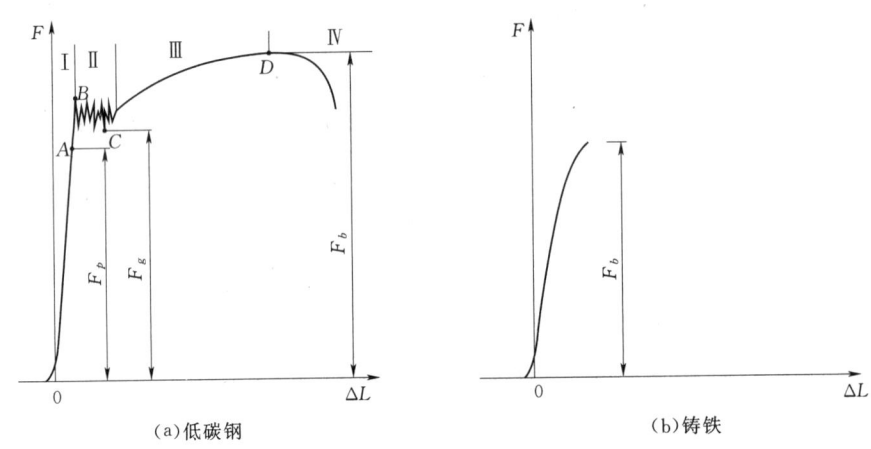

(a)低碳钢　　　　　　　　　(b)铸铁

图 3-2　低碳钢及铸铁拉伸图

Ⅲ强化阶段。此阶段的变形主要是塑性变形,其变形量要远大于弹性变形,在此阶段可以明显地观察到试件直径的缩小,其最高点 D 对应力值为最大荷载 F_b。

Ⅳ局部变形阶段。试件拉伸过了 D 点后,荷载读数反而逐渐降低,试件局部出现收缩(缩颈)现象,直到试件被拉断。

(二)铸铁拉伸实验

铸铁试件在拉伸时的变形极小,在变形极小时就达到最大荷载 F_b 而发生断裂。没有屈服和缩颈现象,拉伸曲线如图 3-2(b)所示。

五、拉伸实验操作步骤

(一)低碳钢拉伸实验

(1)测量试件尺寸。用电子数显卡尺在试件标距 L_0 范围内,测量两端及中间三处截面的直径 d_0,在每一处截面垂直交叉各测量一次。取三处中最小一处的平均直径 d_0 作为计算截面面积 A_0。

在试件的标距长度内,用划线器等间距划线,线与线之间的距离为试件的直径 d_0,并量取标距 L_0。

(2)打开试验机软件,选择实验方案,试验力清零,峰值清零。

(3)安装试件:将试件一端夹于上钳口,单击横梁上升(下降)调整下钳口至适当位置,夹持试件另一端;夹持试件时,应按钳口所刻的尺寸范围内夹持试样并保证试样夹持部分在钳口体内 2/3 以上。

(4) 检查：先请指导教师检查以上步骤完成情况，并经准许后方可进行下步实验。

(5) 开始实验：在试件受拉的过程中注意观察电脑显示器上的 $F-\Delta L$ 曲线，当曲线上下波动时，说明材料已进入屈服阶段，注意观察屈服现象；当曲线没有上下波动开始往上时，说明材料已过屈服阶段，并进入强化阶段；继续加载直至试件断裂，在试件断裂前，曲线开始往下时，此时材料已进入局部缩颈阶段，注意观察试件缩颈现象。当听到断裂声时，立即单击停止按钮。

(6) 记录低碳钢试件的屈服荷载 F_s，最大荷载 F_b，铸铁试件的最大荷载 F_b。

(7) 取下试件，将试件重新对接好。用电子数显卡尺测量断后标距长 L_1 和断口处的直径 d_1（在断口处两个互相垂直方向各测量一次）。

(二) 铸铁拉伸实验

实验步骤与低碳钢基本相同，只记录破坏时的最大荷载 F_b。

注意事项：

(1) 试件夹紧后，不得再点动横梁上升（下降）按钮，否则电机容易损毁。

(2) 进行试验时，指导教师必须在场，如发生机器声音异常，立即停机。

(3) 试验结束后，切记关闭油源电机按钮。

六、实验数据处理

(1) 根据测得的低碳钢的屈服载荷 F_s、最大载荷 F_b，计算屈服强度 σ_s 和抗拉强度 σ_b：

$$\sigma_s = \frac{F_s}{A_0}$$

$$\sigma_b = \frac{F_b}{A_0}$$

根据试件实验后断后标距 L_1 及断面直径计算断后伸长率 δ 和断面收缩率 ψ：

$$\delta = \frac{L_1 - L_0}{L_0} \times 100\%$$

$$\psi = \frac{A_1 - A_0}{A_0} \times 100\%$$

计算断后伸长率时，如果断口到邻近标距端点的距离大于 $L_0/3$，则用电子数显卡尺测量断裂后两端划线之间的长度即为 L_1；如果断口到邻近标距端点的距离小于或等于 $L_0/3$，则需要用"移位法"来计算 L_1。其计算方法是：在长段上从断口处 O 点取基本等于短段格数得 B 点。当长段所余格数为偶数时［图 3-3(a)］，则由所余格数的 1/2 得 C 点，将 BC 段长度移到标距的左端，则 $L_1 = AB + 2BC$；如果在长段取 B 点后所余下的格数为奇数时［图 3-3(b)］，则取所余格数的 1/2 得 C_1 点，则 $L_1 = AB + BC + BC_1$。

(2) 根据测得铸铁的最大荷载 F_b，计算铸铁的抗拉强度 σ_b。

七、思考题

(1) 为何在拉伸试验中必须采用标准试件或比例试件？材料和直径相同而长短不同的试件伸长率是否相同。

(2) 简述冷作硬化和冷作时效现象。

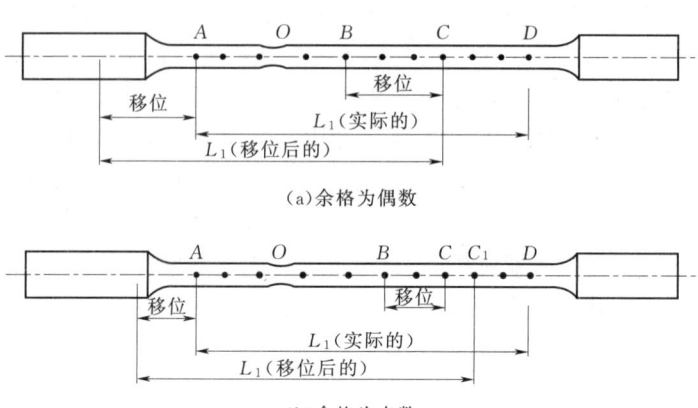

(a)余格为偶数

(b)余格为奇数

图 3-3 断口移位法

实验二 压缩实验

一、实验目的

(1) 测定压缩时低碳钢的屈服强度 σ_s。
(2) 测定压缩时铸铁的抗压强度 σ_b。
(3) 观察并比较低碳钢和铸铁在压缩时的变形和破坏情况。

二、实验设备和测量仪器

(1) 微机控制电液伺服万能试验机（WAW-600C/WAW-1000C）。
(2) 微机控制电子万能试验机（CMT-5205）。
(3) 电子数显卡尺。

三、实验试件

按照国家标准《金属压缩试验方法》（GB 7314—2005）中规定，低碳钢和铸铁等金属材料的压缩试件一般制成圆柱形 [图 3-4(a)]。其直径 d_0 与高度 h_0 之间比例应控制在 $1 \leqslant h_0/d_0 \leqslant 3$。即高度 h_0 不能太大以避免试件在试验中发生压弯现象。但高度 h_0 也不能太小，由于试件与上下压板之间的摩擦力影响，会影响试验结果。由于摩擦力的作用阻止了靠近垫板部分的金属的横向变形，因而试件变形后形成鼓形如图 3-4(b) 所示，越靠近垫板变形越小。这种摩擦力的影响，试件高度越小影响越大。所以需要在试件两端面涂上润滑剂（润滑油或石蜡），以减小摩擦力。同时在安装试件时要使用球形承垫 [图 3-4(c)]校正，使试件仅承受轴向压力。

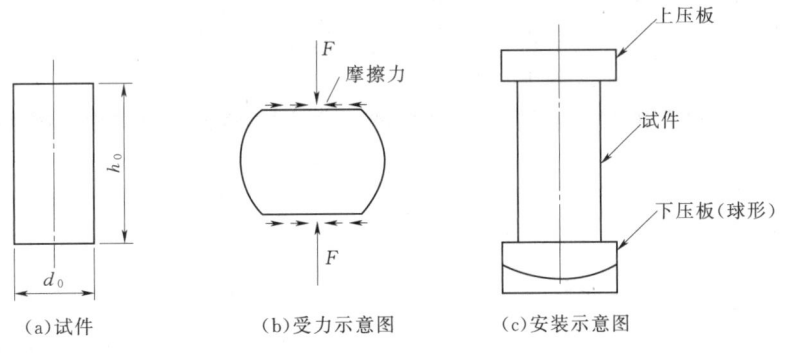

(a)试件　　(b)受力示意图　　(c)安装示意图

图 3-4　压缩试件

四、实验原理

1. 低碳钢压缩实验

低碳钢受压时与受拉时一样有弹性阶段和屈服阶段，但没有拉伸时那么明显的屈服现象，其压缩曲线如图 3-5(a) 所示。在拉伸过程中，当拉伸图中出现非线性小段时就表示试件达到了屈服荷载 F_s，过了屈服点后塑性变形快速增长，试件的横截面面积也随之增大，荷载也随之增大。低碳钢试件最后会压成饼状，而不破裂，所以无法测定其最大荷载 F_b。

2. 铸铁压缩实验

铸铁试件受压时,在达到最大荷载 F_b 前会出现较大的弹性变形后才发生破坏,试件由于剪应力作用,破坏角度与试件轴线大约 45°。

五、压缩实验操作步骤

(一)低碳钢压缩实验

(1)测量试件尺寸。用电子数显卡尺测量两端及中间三处截面的直径 d_0,在每一处截面垂直交叉各测量一次。取三处中最小一处的平均直径 d_0 作为计算截面面积 A_0。

(2)打开试验机软件,选择实验方案,试验力清零,峰值清零。

(3)安放试件:将试件放在下压板的中心位置(注意一定要放在中心,否则试件会偏心受压)。单击横梁下降按钮,调整试件的空间,不要碰到试件表面,快接近时用电脑软件中手动控制来调节。

(4)检查:先请指导教师检查以上步骤完成情况,并经准许后方可进行下步实验。

(5)开始实验:在试件受压的过程中注意观察电脑显示器上的 $F-\Delta L$ 曲线,曲线的开始部分为一段斜直线,说明低碳钢在弹性阶段,此时,力与变形成比例。当曲线开始减慢或停顿,曲线出现拐点时,此时的荷载即为屈服荷载 F_s。记下此荷载。继续加载至试件被压成鼓状即可停止。

(6)停止后如果试验机还处于受力状态,此时切忌用单击横梁上升来取下试件,回到电脑控制界面,单击手动—下降,当力卸载到零以后,再单击横梁上升来取下试件。

(二)铸铁压缩实验

铸铁压缩实验的方法和步骤与低碳钢压缩相同,但铸铁是脆性材料,没有屈服点。从 $F-\Delta L$ 曲线上可以看出,其压缩曲线[图 3-5(b)]在开始时接近于直线,以后曲率逐渐增大,当载荷达到最大载荷 F_b 时,曲线停顿并开始往下,预示试件很快破裂,当听到响声后,立即停止。记录最大荷载 F_b。

注意事项:铸铁压缩时,不要靠近试件观察,以防试件破坏时飞出的碎片伤人。

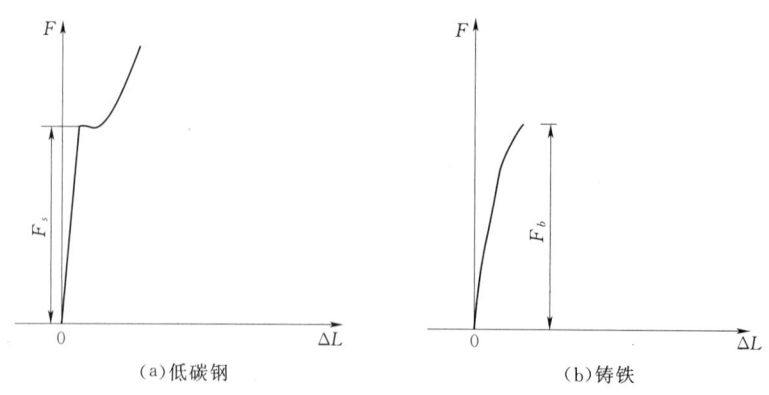

图 3-5 压缩曲线图

六、实验数据处理

根据测得的低碳钢的屈服荷载 F_s、铸铁的最大荷载 F_b,计算低碳钢的屈服强度 σ_s 和

铸铁抗压强度 σ_b。

$$\sigma_s = \frac{F_s}{A_0}$$

$$\sigma_b = \frac{F_b}{A_0}$$

式中：A_0 为试验前试件截面面积。

七、思考题

（1）试件偏心时对试验结果有何影响？

（2）为何不能求得低碳钢的抗压强度？

（3）分析铸铁压缩破坏的原因。

实验三　扭转时剪切模量 G 的测定

一、实验目的

（1）在比例极限内验证扭转时的剪切胡克定律。
（2）测定材料的剪切模量 G。

二、实验设备和测量仪器

（1）多功能组合实验台。
（2）静态应变测试仪（DH3818-3）。
（3）百分表。
（4）钢尺。

三、实验试件

空心圆管：材料为不锈钢管、内径 $d = 40$ mm、外径 $D = 47.3$ mm、长度 $L = 370$ mm，其实验装置如图 3-6 所示。

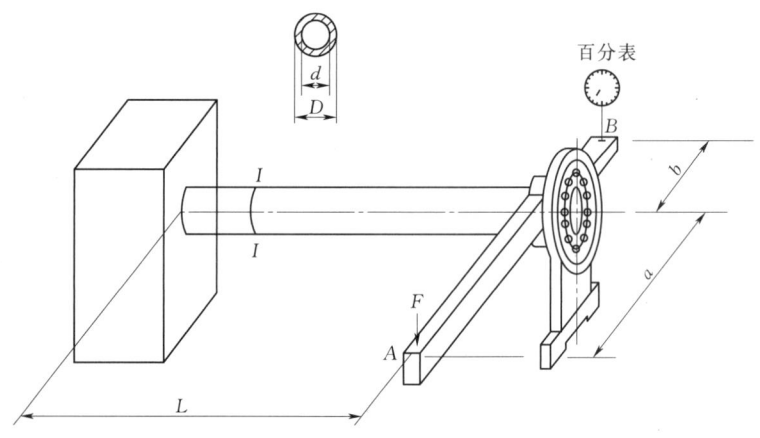

图 3-6　纯扭转加载示意图

四、实验原理

试件安装在固定基座上，试件的一端固定不动，另一端可以转动，并在可动端装有一个滚动轴承加以支承。靠近轴承安装一根横杆 AB，在 A 点通过旋转手轮加载。这样试件在荷载作用下，仅仅受到纯扭转的作用。可动端只产生绕空心圆轴轴线方向的角位移，当试件受到扭转作用时，可动端的横截面转动，此时横杆也转动。通过百分表测定 B 点的位移（由于 B 点转动角很小，B 点的位移约等于 B 点的弧长），便可以计算出试件可动端的转角大小 $\Delta\varphi$。

施加载荷 ΔF 时，试件便受到扭矩 ΔM_n 的作用，对试件进行分级加载，由于各级所加荷载相等，相应于每级加载后的读数差 ΔB 也基本相等（即 $\Delta\varphi$ 相等），从而验证了剪切胡克定律。

五、实验操作步骤

（1）用钢尺测量试件的长度、扭转力臂和扭转角半径。

（2）打开静态应变测试仪，查看"力值"显示窗口数字显示是不是"0000"，如果不是，按"11"使得测点显示窗口显示"11"，然后按"确认"键，再按"平衡"键，使得力值窗口显示为"0000"。

（3）顺时针转动加载手轮加载，分四级加载，每级加载 300 N，一直加到 1200 N（300 N→600 N→900 N→1200 N）。每加一级荷载后，读取百分表的读数并记录。

为了保证实验数据的可靠性，重复进行 3 次实验，取一组线性较好的（也就是读数差基本相等的）数据进行计算。

六、实验数据处理

根据扭转变形公式：

$$\Delta \varphi = \frac{\Delta M_n L}{G I_\rho}$$

计算出剪切模量：

$$G = \frac{\Delta M_n L}{\Delta \varphi I_\rho}$$

其中

$$\Delta \varphi = \frac{\Delta B}{b}$$

$$\Delta M_n = \Delta F \times a$$

$$I_\rho = \frac{\pi D^4}{32} - \frac{\pi d^4}{32}$$

注意事项：切勿超载，所加荷载最大不能超过 1300N，否则将损坏试件。

七、思考题

（1）试件在可动端为什么要加滚动轴承支承？

（2）在实验中怎样验证剪切胡克定律？怎样测定和计算剪切模量 G？

实验四　梁的弯曲正应力实验

一、实验目的
（1）用电测法测定矩形截面梁在纯弯曲时横截面上正应力的大小及其分布规律，并与理论计算结果进行比较，从而验证纯弯曲正应力公式 $\sigma = My/I_z$ 的准确性。
（2）学习电测法，学会静态应变测试仪的使用方法和 1/4 桥路的接线方法。

二、实验设备和测量仪器
（1）多功能组合实验台。
（2）静态应变测试仪。
（3）钢尺。

三、实验原理
实验装置如图 3-7 所示。实验梁为矩形截面钢梁，梁宽 $b = 13\text{mm}$，梁高 $h = 40\text{mm}$，其弹性模量 $E = 200\text{GPa}$。CD 段为纯弯曲段，为了测定梁在纯弯曲时横截面上正应力的分布规律，在梁的纯弯曲段沿着梁的轴线方向粘贴应变片，其分布如图 3-7 所示。梁上贴的应变片 1、2、3、4、5 分别位于梁的顶面、1/4h、1/2h、3/4h 和底面。各点为单向应力状态，在正应力不超过比例极限时，只要测出各点的轴向应变 $\varepsilon_{实}$，即可按 $\sigma_{实} = E\varepsilon_{实}$ 计算正应力。

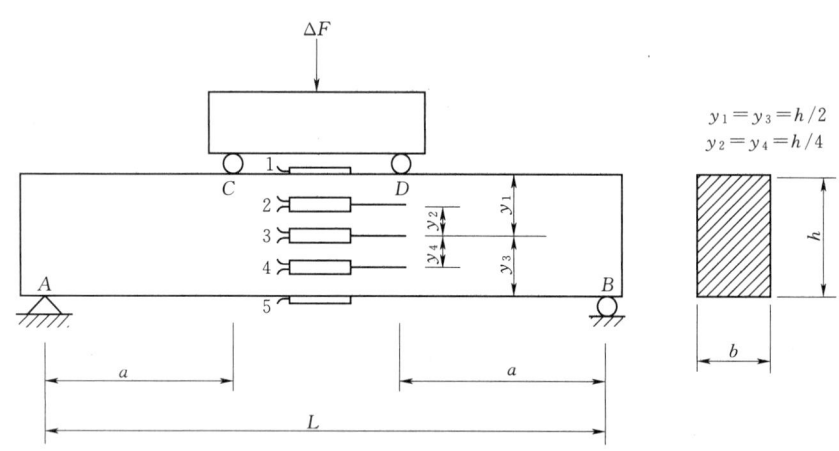

图 3-7　矩形截面梁加载示意图

温度补偿片贴在一块与试件相同的材料上。实验时，放在被测试件的附近。
为了便于检验测量结果的线性度，实验时采用等量逐级加载方法，即每次增加等量的荷载 ΔF，测出每级荷载作用下各个测点的应变增量 $\Delta\varepsilon$，然后取应变增量的平均值 $\Delta\varepsilon_{实}$，依次求出各点应力增量 $\Delta\sigma_{实} = E\Delta\varepsilon_{实}$。
本次实验采用 1/4 桥路接线方法。

四、实验操作步骤
（1）安装试件，测量被测处梁截面宽度 b、高度 h、荷载作用点到梁支座点的距离和

梁的跨度 L。

(2) 将各个工作片、温度补偿片和静态应变测试仪相连。

(3) 打开静态应变测试仪电源。

(4) 按"通道号数字"键，再按"确认"键。

(5) 按"设置"键，设置修正系数再按"确认"键。

(6) 按"平衡"键，再按"确认"键，应变值窗口显示为"0000"。

(7) 重复上述步骤使得每个测点都平衡到"0000"。

(8) 开始加载测量，顺时针转动加载螺杆手轮，对梁施加荷载，注意观察"力值"窗口的读数，每级荷载 $\Delta F=500\mathrm{N}$（力值显示 500），共分四级，$F_{\max}=2000\mathrm{N}$（力值显示 2000），并分别记录每级荷载作用下各点的应变值（注意"＋"、"－"号，"＋"为拉应变，"－"为压应变）。

(9) 测试完毕，实验数据交给指导教师检查，如数据正常，将荷载卸载，线拆去，关闭电源。

注意事项：

(1) 切勿超载，所加荷载最大不能超过 5000N，否则损坏拉压力传感器。

(2) 测试过程中，不要震动仪器、设备和导线，否则将影响实验结果，造成较大的误差。

五、实验数据处理

(1) 根据实验测得的应变增量，计算各测点应力增量的实验值。

$$\Delta\sigma_i = E\,\overline{\Delta\varepsilon_i}$$

(2) 根据纯弯曲正应力公式，计算各测点应力增量的理论值。

$$\Delta\sigma_i = \frac{\Delta M \cdot y_i}{I_Z}$$

$$\Delta M = \frac{1}{2}\Delta F \cdot a$$

(3) 计算误差。

中性层上的 3 号测点按绝对误差计算。

其他各测点的误差按相对误差 $\delta = \left|\dfrac{\Delta\sigma_{理}-\Delta\sigma_{实}}{\Delta\sigma_{理}}\right| \times 100\%$ 计算。

按同一比例分别画出各测点正应力的实验值和理论值沿着横截面高度的应力分布图（实线代表理论值，虚线代表实验值），将两者加以比较，并分析误差的主要原因，从而验证理论公式。

六、思考题

(1) 选择温度补偿片时要注意哪几方面？

(2) 弯曲正应力的大小是否会受到材料弹性系数 E 的影响？

(3) 尺寸完全相同的两种材料，如果距中性层等远处纤维的伸长量对应相等，问两根梁相应截面的应力是否相同，所加荷载是否相同？

实验五 弹性模量 E 和泊松比 μ 的测定

一、实验目的
(1) 在比例极限内,验证胡克定律。
(2) 用电测法测定材料的弹性模量 E 和泊松比 μ。

二、实验设备和测量仪器
(1) 多功能组合实验台。
(2) 静态应变测试仪。

三、实验试件
试件材料为不锈钢。横截面尺寸:试件宽 $h=32\text{mm}$,厚度 $b=2.7\text{mm}$。

四、实验原理
依据国家标准《金属材料弹性模量和泊松比试验方法》(GB/T 22315—2008)的规定,试件可制成圆形或矩形截面,本实验采用矩形截面试件,在试件正、反两面的对称位置上粘贴纵向和横向应变片,并把两片纵向应变片进行串联和两片横向应变片进行串联,温度补偿片在小铁块上选择相同应变片两片串联在一起引出的两根导线。实验时,把纵向应变片、横向应变片和温度补偿片接在静态应变测试仪上进行测量,连接方式采用 1/4 桥路连接。应变片布置和加载示意图如图 3-8 所示。

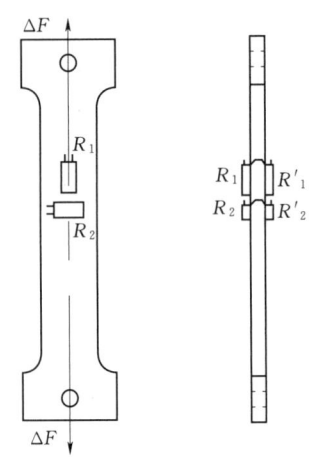

图 3-8 应变片布置和加载示意图

试件下端通过插销固定在基座台面上,上端通过插销和力的传感器相连接,逆时针旋转加载手轮施加拉力。试件受力时,便在纵、横向产生伸长和横向缩短,用静态应变测试仪测取纵向应变 $\varepsilon_\text{纵}$ 和横向应变 $\varepsilon_\text{横}$。

实验采用逐级等量加载法进行分级加载,因每次增加相同的拉力 ΔF,测出相应的纵向应变增量 $\Delta\varepsilon_\text{纵}$(即读数差)也应大致相等,如果这样,便验证了胡克定律。

五、实验操作步骤
(1) 安装试件。
(2) 将各个工作片、温度补偿片和静态应变测试仪相连。
(3) 打开静态应变测试仪电源。
(4) 按"通道号数字"键,再按"确认"键。
(5) 按"设置"键,设置修正系数再按"确认"键。
(6) 按"平衡"键,再按"确认"键,应变值窗口显示为"0000"。
(7) 重复上述步骤使得每个测点都平衡到"0000"。
(8) 开始加载测量,逆时针转动加载螺杆手轮,对试件施加荷载,注意观察"力值"窗口的读数,每级荷载 $\Delta F=500\text{N}$(力值显示 500),共分四级,$F_{\max}=2000\text{N}$(力值显示

2000），并分别记录每级荷载作用下各点的应变值（注意"＋"、"－"号，"＋"为拉应变，"－"为压应变）。

（9）测试完毕，实验数据交给指导教师检查，如数据正常，将荷载卸载，线拆去，关闭电源。

六、实验数据处理

根据实验测得的纵向应变 $\Delta\varepsilon_\text{纵}$ 和横向应变 $\Delta\varepsilon_\text{横}$，试件横截面面积为 A，便可以计算出材料的弹性模量 E 和泊松比 μ。

$$E = \frac{\sigma}{\varepsilon} = \frac{\Delta P}{A \cdot \Delta\varepsilon_\text{纵}}$$

$$\mu = \left|\frac{\Delta\varepsilon_\text{横}}{\Delta\varepsilon_\text{纵}}\right|$$

七、思考题

（1）为何要在试件正反两面的对称位置上粘贴应变片，并进行相应的串联测量，能否只贴一面进行应变测量？

（2）为何要用逐级等量加载法进行试验？用逐级等量加载法求出的弹性模量与一次加载到终值所求出的弹性模量是否相同？

实验六 弯扭组合变形实验

一、实验目的
(1) 薄壁圆管在弯曲和扭转组合变形下,用电测法测定其平面应力状态下主应力的大小和方向,并与理论值进行比较和分析。
(2) 掌握静态应变测试仪的使用。

二、实验设备和测量仪器
(1) 多功能组合实验台。
(2) 静态应变测试仪。
(3) 钢尺。

三、实验试件
实验试件为不锈钢空心圆管,外径 $D=47.3\text{mm}$,内径 $d=40\text{mm}$,其受力简图和有关尺寸如图 3-9 所示。I-I 截面为被测试截面,取图示 A、C 两个测点,在每个测点上各贴一片应变花。

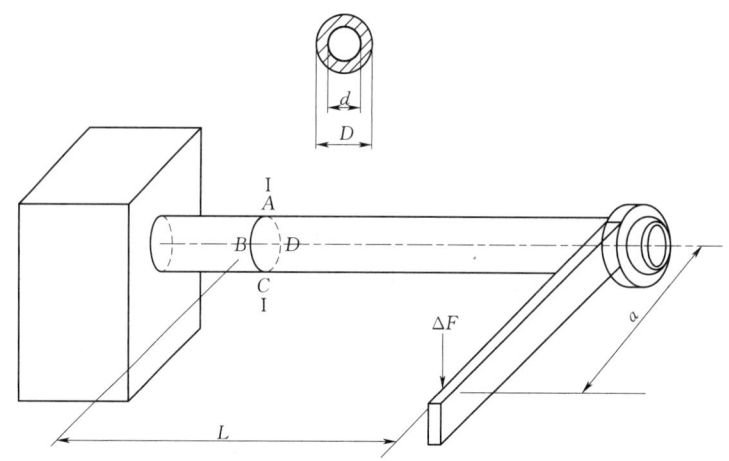

图 3-9 弯扭组合变形受力示意图

四、实验原理
由截面法可知,I-I 截面上的内力有弯矩、剪力和扭矩,A、C 点均处于平面应力状态。用电测法测试时,按其主应力方向已知和未知两种情况,分别采用不同的布片形式。

1. 主应力方向已知
主应力的方向就是主应变方向,只要沿两个主应力方向各贴一个应变片,即可测出该点的两个主应变 ε_1 和 ε_3,进而由广义胡克定律计算出主应力:

$$\sigma_1 = \frac{E}{1-\mu^2}(\varepsilon_1 - \mu\varepsilon_3)$$

$$\sigma_3 = \frac{E}{1-\mu^2}(\varepsilon_3 + \mu\varepsilon_1)$$

2. 主应力方向未知

由于主应力方向未知，故主应变方向也未知。根据材料力学中应变分析可知，某一点的 3 个应变分量 ε_x、ε_y 和 γ_{xy}，可由任意 3 个方向的正应变 ε_θ、ε_α 和 ε_φ 确定。若取 $\theta = -45°$、$\alpha = 0°$、$\varphi = 45°$ 进而可求出主应力大小和方向。

在主应力方向未知的应力测量时常采用应变花。应变花是一个基底上沿不同方向粘贴几个电阻应变片的传感元件。常用的应变花有 45°、60°、90° 等。在测点处的主应力方向不明时，可采用 60° 应变花，确定测点处主应力的大小和方向。如果测点处主应力方向大致明确，则多采用 45° 应变花，如果主应力方向均为已知，可采用 90° 应变花。采用应变花的优点是可以简化贴片工序，减少工作量，减小误差，便于分析计算等。

本实验采用的是 45° 应变花，在 A、C 两点各贴一枚。用 45° 应变花可测出 ε_{-45}、ε_0 和 ε_{45}，由此可求出：

$$\varepsilon_1 = \frac{\varepsilon_{-45} + \varepsilon_{45}}{2} + \sqrt{\frac{1}{2}[(\varepsilon_{-45} - \varepsilon_0)^2 + (\varepsilon_0 - \varepsilon_{45})^2]}$$

$$\varepsilon_3 = \frac{\varepsilon_{-45} + \varepsilon_{45}}{2} - \sqrt{\frac{1}{2}[(\varepsilon_{-45} - \varepsilon_0)^2 + (\varepsilon_0 - \varepsilon_{45})^2]}$$

$$\alpha = \frac{1}{2}\arctan\frac{\varepsilon_{45} - \varepsilon_{-45}}{2\varepsilon_0 - \varepsilon_{45} - \varepsilon_{-45}}$$

式中：α 为 ε_1 与 0°应变片之间的夹角（即与 X 轴之间的夹角）。

五、理论值计算

A 点与 C 点单元都承受由 M 产生的弯曲应力 σ_w 和由扭矩 M_n 产生的剪应力 τ 的作用。这些应力可根据下列公式计算：

A 点： $\sigma_x = \frac{|M|}{W_z}$

$$W_z = \frac{\pi D^3}{32}(1-a^4)$$

$$\tau_x = \frac{M_n}{W_p}$$

$$W_p = \frac{\pi D^3}{16}(1-a^4)$$

$$\tau = \frac{QS_{z\max}}{bI_z} = 2\frac{Q}{A}$$

$$\sigma_1 = \frac{\sigma_x}{2} + \sqrt{\left(\frac{\sigma_x}{2}\right)^2 + \tau_x^2}$$

$$\sigma_3 = \frac{\sigma_x}{2} - \sqrt{\left(\frac{\sigma_x}{2}\right)^2 + \tau_x^2}$$

$$\alpha = \frac{1}{2}\arctan\frac{-2\tau_x}{\sigma_x}$$

C 点： $\sigma_1 = -\frac{\sigma_x}{2} + \sqrt{\left(\frac{\sigma_x}{2}\right)^2 + \tau_x^2}$

$$\sigma_3 = -\frac{\sigma_x}{2} - \sqrt{\left(\frac{\sigma_x}{2}\right)^2 + \tau_x^2}$$

$$\alpha = \frac{1}{2}\arctan\frac{2\tau_x}{\sigma_x}$$

六、实验操作步骤

（1）将各个工作片、温度补偿片和静态应变测试仪相连。

（2）打开静态应变测试仪电源。

（3）按"通道号数字"键，再按"确认"键。

（4）按"设置"键，设置修正系数再按"确认"键。

（5）按"平衡"键，再按"确认"键，应变值窗口显示为"0000"。

（6）重复上述步骤使得每个测点都平衡到"0000"。

（7）开始加载测量，顺时针转动加载螺杆手轮，对试件施加荷载，注意观察"力值"窗口的读数，每级荷载 $\Delta F = 250\text{N}$（力值显示 250），共分四级，$F_{\max} = 1000\text{N}$（力值显示 1000），并分别记录每级荷载作用下各点的应变值（注意"＋"、"－"号，"＋"为拉应变，"－"为压应变）。

（8）测试完毕，实验数据交给指导教师检查，如数据正常，将荷载卸载，线拆去，关闭电源。

注意事项：

（1）切勿超载，所加荷载最大不能越过 1300N，否则将损坏试件。

（2）测试过程中，不要震动仪器、设备和导线，否则将影响测试结果，造成较大的误差。

实验七 疲劳演示实验

疲劳是一种隐伏的破坏机理，因为它好像是在暗中进行的，并且几乎不可能完全避免。在我们日常生活里，机器中有很多零部件（如齿轮、弹簧、链条等）都是在不同的荷载作用下反复工作的，很多零部件会在远低于材料的极限强度时就发生突然的脆性破坏，破坏前没有明显的塑性变形，很难事先观察和预防，具有很大的危险性，因此研究材料的疲劳性能尤为重要。

一、实验设备和测量仪器

(1) 高频疲劳实验机（QB-400C）如图 3-10 所示。
(2) 低频疲劳实验机（MTS 电液伺服加载系统）如图 3-11 所示。

图 3-10 高频疲劳实验机（QB-400C）

图 3-11 低频疲劳实验机

二、疲劳的基本概念

(1) 疲劳极限是材料在交变应力作用下能无限次承受应力变化而不破坏的最大应力值，它是材料抗疲劳性能的重要特性。但在实际实验中，由于无限次循环是不现实的，常规定循环数 N 作为实验基数，一般金属 N 取 10^7。因此我们实际上求得的疲劳极限是指材料受交变应力作用了 N 次循环后，试件不发生疲劳破坏的最大应力值，常称为名义持久极限或条件持久极限。

(2) 疲劳实验的分类：高频疲劳和低频疲劳、拉压疲劳、扭转疲劳、弯曲疲劳、对称疲劳和不对称疲劳、单向脉动疲劳、高低温疲劳等各种疲劳实验。

三、疲劳演示实验的目的
（1）了解疲劳实验方法和疲劳试件的破坏特征。
（2）了解疲劳实验的实验设备和基本操作方法。
（3）了解疲劳实验机的工作原理和疲劳荷载-时间波形、频率等主要参数及控制。

第四章 实 验 报 告

实验一 拉伸实验报告

实验日期：　　　　　　同组成员：

一、实验目的及原理

二、实验设备和测量仪器

（1）实验设备名称：　　　　　　　　型号：　　　　　精度：

（2）测量仪器名称：　　　　　　　　型号：　　　　　精度：

三、实验数据记录及数据处理

1. 实验前试件尺寸

试件材料	试件标距 L_0/mm	直径 d_0/mm									最小横截面面积 A_0/mm^2
		横截面Ⅰ			横截面Ⅱ			横截面Ⅲ			
		1	2	平均	1	2	平均	1	2	平均	
低碳钢											
铸铁											

2. 实验后试件尺寸

试件材料	断后标距 L_1 /mm	断口直径 d_1 /mm			断口（缩颈处）最小横截面面积 A_1 /mm²
		1	2	平　均	
低碳钢					

3. 实验数据及数据处理

试件材料	屈服荷载 F_s /kN	屈服强度 σ_s /MPa	最大荷载 F_b /kN	抗拉强度 σ_b /MPa	断后伸长率 δ /%	断面收缩率 ψ /%
低碳钢						
铸铁		/			/	/

4. 绘制拉伸图及断口示意图

（1）低碳钢。

(2) 铸铁。

四、思考题

(1) 为何在拉伸试验中必须采用标准试件或比例试件？材料和直径相同而长短不同的试件伸长率是否相同？

(2) 简述冷作硬化和冷作时效现象。

实验二　压缩实验报告

实验日期：　　　　　　同组成员：

一、实验目的及原理

二、实验设备和测量仪器

（1）实验设备名称：　　　　　　型号：　　　　　精度：

（2）测量仪器名称：　　　　　　型号：　　　　　精度：

三、实验数据记录及数据处理

1. 实验前试件尺寸

试件材料	直径 d_0/mm									最小横截面面积 A_0/mm^2
	横截面Ⅰ			横截面Ⅱ			横截面Ⅲ			
	1	2	平均	1	2	平均	1	2	平均	
低碳钢										
铸铁										

2. 实验数据及数据处理

试件材料	屈服荷载 F_s /kN	屈服强度 σ_s /MPa	最大荷载 F_b /kN	抗压强度 σ_b /MPa	破裂角度（与轴线之间的夹角）/(°)
低碳钢					
铸铁					

3. 绘制压缩图及断口示意图
（1）低碳钢。　　　　　　　　　　　　（2）铸铁。

四、思考题

（1）试件偏心时对试验结果有何影响。

（2）为何不能求得低碳钢的抗压强度？

（3）分析铸铁压缩破坏的原因。

实验三　扭转时剪切模量 G 的测定实验报告

实验日期：　　　　　　　　　　同组人：

一、实验目的及原理

二、实验设备和测量仪器
（1）实验设备名称：　　　　　　　　型号：
（2）测量仪器名称：　　　　　　　　放大倍数：$K=$
（3）量　具　名　称：　　　　　　　精度：

三、实验数据记录及数据处理
1. 空心圆筒几何尺寸及有关数据

项　目	试件长度 L/mm	内径 d/mm	外径 D/mm	扭转力臂 a/mm	转动角半径 b/mm
数　值					

2. 实验数据记录

加载序号	荷载 F/N	荷载增量 ΔF/N	百分表读数 B/格					
			第一次		第二次		第三次	
			读数 B	读数差 Δ	读数 B	读数差 Δ	读数 B	读数差 Δ
1	$F_1 = 300$	300		/		/		/
2	$F_2 = 600$							
3	$F_3 = 900$							
4	$F_4 = 1200$			/		/		/
读数差的平均值 $\overline{\Delta B}$/格								
测点的垂直位移 $\overline{\Delta L} = \overline{\Delta B}/K$/mm								
扭转角增量 $\overline{\Delta \varphi} = \overline{\Delta L}/b$（弧度）								

3. 剪切模量 G 计算

$$\Delta M = \Delta F \times a$$

$$I_\rho = \frac{\pi D^4}{32} - \frac{\pi d^4}{32}$$

$$G =$$

四、思考题

（1）试件在可动端为什么要加滚动轴承支承？

（2）在实验中怎样验证剪切胡克定律？怎样测定和计算剪切模量 G？

实验四 梁的弯曲正应力实验报告

试验日期：　　　　　　　　　　同组人：

一、实验目的及原理

二、实验设备及测量仪器
（1）实验设备名称：　　　　　　　　型号：
（2）测量仪器名称：　　　　　　　　型号：　　　　　精度：$\mu\varepsilon$
（3）电阻应变片灵敏系数 $K=$

三、实验数据记录及数据处理

1. 梁的尺寸及有关数据

项目	跨长 L/mm	梁高 h/mm	梁宽 b/mm	距离 a/mm	惯矩 I_z/mm^4	弹性模量 E/MPa
数值						

2. 实验记录及数据处理

荷载/N \ 应变/$\mu\varepsilon$ \ 测点	1		2		3		4		5	
	读数	读数差	读数	读数差	读数	读数差	读数	读数差	读数	读数差
$F_1 = 500$										
$F_2 = 1000$										
$F_3 = 1500$										
$F_4 = 2000$										
读数差平均值 $\overline{\Delta\varepsilon}/\mu\varepsilon$										
应力增量 $\Delta\sigma_{实} = E \cdot \overline{\Delta\varepsilon} \times 10^{-6}$ /MPa										

3. 应力增量理论值计算

$$\Delta F = \qquad \text{N}, \qquad \Delta M = \frac{1}{2}\Delta F \times a =$$

离中心轴距离 y_i/mm	$y_1 =$	$y_2 =$	$y_3 =$	$y_4 =$	$y_5 =$
$\Delta\sigma_{理} = \dfrac{\Delta M y_i}{I_z}$ /MPa					

4. 实验值和理论值比较

比较 \ 测点	1	2	3	4	5
$\Delta\sigma_{理}$/MPa					
$\Delta\sigma_{实}$/MPa					
相对误差/%					

注 3 点按绝对误差计算。

5. 应力分布图

理论应力分布图　　　　　　　　实验应力分布图

四、思考题

（1）选择温度补偿片时要注意哪几方面？

（2）弯曲正应力的大小是否会受材料弹性系数 E 的影响？

（3）尺寸完全相同的两种材料，如果距中性层等远处纤维的伸长量对应相等，两根梁相应截面的应力是否相同？所加荷载是否相同？

实验五　弹性模量 E 和泊松比 μ 的测定实验报告

实验日期：　　　　　　　　同组人：
一、实验目的及原理

二、实验设备与测量仪器
(1) 实验设备名称：　　　　　　　　　型号：
(2) 测量仪器名称：　　　　　　　　　型号：　　　　　精度：$\mu\varepsilon$
(3) 电阻应变片灵敏系数 $K=$
三、实验数据记录及数据处理
1. 试件截面尺寸
(1) 宽度 $h=$　　　　　　　　　　　mm
(2) 厚度 $b=$　　　　　　　　　　　mm
(3) 面积 $A=b\times h=$　　　　　　　mm^2

2. 应变测试数据记录及计算处理

加载级数	荷载 F/N	荷载增量 $\Delta F/\text{N}$	应变仪读数/$\mu\varepsilon$				计　　算
			1点（纵向）		2点（横向）		
			读　数	读数差	读　数	读数差	(1) 弹性模量： $E = \dfrac{\Delta F}{\Delta\varepsilon_\text{纵} A}$ = (2) 泊松比： $\mu = \left\|\dfrac{\Delta\varepsilon_\text{横}}{\Delta\varepsilon_\text{纵}}\right\|$ =
1	$F_1 = 500$	500		/		/	
2	$F_2 = 1000$						
3	$F_3 = 1500$						
4	$F_4 = 2000$			/		/	
读数差的平均值 $\overline{\Delta\varepsilon}/\mu\varepsilon$							
应变增量 $\overline{\Delta\varepsilon} = \overline{\Delta\varepsilon} \times 10^{-6}$（$\varepsilon$）							

3. 绘制 σ-ε 曲线图

四、思考题

为何要用逐级等量加载法进行试验？用逐级等量加载法求出的弹性模量与一次加载到终值所求出的弹性模量是否相同？

实验六　弯扭组合变形实验报告

实验日期：　　　　　　　　同组人：

一、实验目的及原理

二、实验设备与测量仪器
(1) 实验设备名称：　　　　　　　　型号：
(2) 测量仪器名称：　　　　　　　　型号：　　　　精度：$\mu\varepsilon$
(3) 电阻应变片灵敏系数 $K=$

三、实验数据记录及数据处理
1. 试件尺寸及相关数据

项　目	内径 d/mm	外径 D/mm	扭转力臂 a/mm	弯曲力臂 L/mm	弹性模量 E/MPa	泊松比 μ
数值						

2. 实验数据记录

荷载/N \ 应变/με \ 测点	A						C					
	ε_{45}		ε_0		ε_{-45}		ε_{45}		ε_0		ε_{-45}	
	读数	读数差	读数	读数差	读数	读数差	读数	读数差	读数	读数差	读数	读数差
$F_1 = 250$												
$F_2 = 500$												
$F_3 = 750$												
$F_4 = 1000$												
读数差平均值 $\overline{\Delta\varepsilon}/\mu\varepsilon$												
应力增量 $\Delta\varepsilon_i = \overline{\Delta\varepsilon} \times 10^{-6}$ (ε)												

3. 实验数据处理

A 点：$\varepsilon_1 = \dfrac{1}{2}(\varepsilon_{-45} + \varepsilon_{45}) + \sqrt{\dfrac{1}{2}\left[(\varepsilon_{-45} - \varepsilon_0)^2 + (\varepsilon_0 - \varepsilon_{45})^2\right]}$

$\varepsilon_3 = \dfrac{1}{2}(\varepsilon_{-45} + \varepsilon_{45}) - \sqrt{\dfrac{1}{2}\left[(\varepsilon_{-45} - \varepsilon_0)^2 + (\varepsilon_0 - \varepsilon_{45})^2\right]}$

$\sigma_1 = \dfrac{E}{1-\mu^2}(\varepsilon_1 + \mu\varepsilon_3) =$

$\sigma_3 = \dfrac{E}{1-\mu^2}(\varepsilon_3 + \mu\varepsilon_1) =$

$\alpha = \dfrac{1}{2}\arctan\dfrac{\varepsilon_{45} - \varepsilon_{-45}}{2\varepsilon_0 - \varepsilon_{45} - \varepsilon_{-45}} =$

C 点：$\varepsilon_1 =$

$\varepsilon_3 =$

$\sigma_1 = \dfrac{E}{1-\mu^2}(\varepsilon_1 + \mu\varepsilon_3) =$

$\sigma_3 = \dfrac{E}{1-\mu^2}(\varepsilon_3 + \mu\varepsilon_1) =$

$\alpha = \dfrac{1}{2}\arctan\dfrac{\varepsilon_{45} - \varepsilon_{-45}}{2\varepsilon_0 - \varepsilon_{45} - \varepsilon_{-45}} =$

4. 理论值计算

5. 实验值与理论值比较

测　　点	A 点			C 点		
主应力及方向	σ_1	σ_3	α	σ_1	σ_3	α
理论值/MPa						
实验值/MPa						
相对误差/%						

参 考 文 献

［1］ 孙训方，方孝淑，关来泰. 材料力学［M］. 5版. 北京：高等教育出版社，2009.
［2］ 徐广民. 材料力学实验［M］. 成都：西南交通大学出版社，2013.
［3］ 黄英娣，虞爱平. 材料力学实验［M］. 重庆：重庆大学出版社，2010.